D1666596

Deutsche Erstausgabe
Lizenzausgabe des Verlags an der ESTE, Buxtehude
Die Originalausgabe erschien 1989 unter dem Titel „Dr Xargle's Book of The Earth Hounds"
bei Andersen Press Ltd., 62–65 Chandos Place, London WC 2
Text © 1989 by Jeanne Willis · Illustration © 1989 by Tony Ross
© der deutschsprachigen Ausgabe: Verlag an der ESTE, Buxtehude 1990
Aus dem Englischen von G. G. Wienert
Alle Rechte dieser Ausgabe vorbehalten durch Verlag an der ESTE
Schrift: Century Expanded – Satzherstellung: Utesch Satztechnik GmbH, Hamburg
Lithos: Photolitho AG Offsetreproduktionen, Gossau, Zürich
Gesamtherstellung: Grafiche AZ, Verona – Printed in Italy
ISBN 3-926616-43-1

DR. XARGELS BUCH ÜBER DIE HUNDLINGE

In die Sprache der Erdlinge übersetzt
von Jeanne Willis
Bilder von Tony Ross

Verlag an der

ESTE

Guten Morgen! Setzt euch!

Heute wollen wir etwas über die Hundlinge lernen, die bei den Erdlingen leben.

Hundlinge haben Hauer am Vorderende und einen Wedler am Hinterteil.

Willst du herausfinden, wo vorn und hinten ist, mußt du eine Wurst an beide Enden halten.

Hundlinge haben Knopfaugen, einen Schnüffler mit zwei Löchern und einen langen rosa Frottierlappen.

Mit dem Frottierlappen lecken sie ihren Unterbau,

tote Frösche und das Schokoladeneis von Erdlingen, die gerade
nicht hingucken.

Hundlinge können auf vier Beinen stehen, auf drei Beinen und auf zwei Beinen. Sie können so hoch springen wie ein Rollbraten.

Zum Abendessen verdrücken sie Sülzfleisch, Knochenkekse,
Wunderkuchen,

eine Portion vom besten Teppich und eine vier Tage alte Socke.

Nach diesem Festschmaus müssen sie an einen Ort mit vielen
Laternenpfählen geführt werden, der Spazierweg heißt.

Der Hundling ist an einer Strippe befestigt, mit der er abgeschleppt werden kann, selbst wenn er sitzt.

Im Park sammelt der Erdling einen Stock von einem Baum auf
und schleudert ihn überall herum.
Der Hundling soll ihn fangen.

Schließlich hüpft der Erdling krummpuckelig im Kreis und schmettert den Stock in den Teich.

Diesmal muß der Erdling den Stock fangen.

Auf dem Heimweg rollt sich der Hundling in einem Klacks Spinat vom Muhhornling.

So kommt er in die Erdlingsbehausung mit Stinkpelz zurück und versteckt sich unter dem Zudeck des Erdlings.

Hier sind einige Sätze, die ihr unbedingt lernen müßt:
„Wo ist Hans-Rudolf?"
„Stimmt was nicht mit dem Abfluß?"
„Entweder er verschwindet oder ich!"

Hundlinge hassen Schaumbäder. Sie stecken ihren Wedler zwischen die Hinterbeine und machen ein Geräusch, das wie „Wuuu-Wuuuuuu" klingt.

Nach dem Bad trocknen sie sich am Komposthaufen ab.

Dies ist ein junger Hundling, auch Welpe geheißen. Er schläft im nächtlichen Fußkleid eines Erdlings.

Der Erdling hat massenhaft Zeitungen auf dem Fußboden
ausgebreitet, die der junge Hundling lesen soll.

Damit ist der Unterricht für heute beendet.

Wenn ihr alle brav und leise seid, besuchen wir jetzt den Planeten Erde, um dort mit richtigen Hundlingen zu spielen.

Diejenigen von euch, die ihr Haustier mitnehmen möchtet,
sitzen im hinteren Teil des Raumschiffes.